과학이 발전하면 더 행복해질까?

민음 바칼로레아 024

과학이 발전하면
더 행복해질까?

에티엔 클렝 ｜ 김기윤 감수 ｜ 지선경 옮김

민음in

차례

질문 : 과학이 발전하면 더 행복해질까?　　　　　　　7

1　과학이 행복한 미래를 보장할까?　　　　　17
　　우리는 왜 미래를 불안해할까?　　　　　　19
　　미래는 이미 결정된 것일까?　　　　　　　20
　　미래에 대비해 계획을 세우는 것은 헛된 일일까?　22
　　미래에는 모든 것이 현재보다 나아질까?　25

2　과학 발전을 예측할 수 있을까?　　　　　29
　　과학은 정해진 방식에 따라 발전할까?　　31
　　과학은 어떻게 사회를 바꿀까?　　　　　32
　　과학 연구의 성과를 판단하는 기준이 있을까?　38

3　과학과 더불어 어떤 새로운 일이 일어나는가?　41
　　과학이 발전하면 무엇이 바뀔까?　　　　43
　　과학 연구의 성과를 온전히 제어할 수 있을까?　47

4　과학자의 책임은 어디까지일까?　　　　　53
　　과학자는 자신이 하는 일을 이해하고 있을까?　55
　　과학자도 윤리학을 공부해야 할까?　　　58

5　과학을 통제하는 것은 옳은 일일까?　　　63
　　미래에 대한 두려움을 극복할 수 있을까?　65
　　과학자들만 과학을 이야기해야 할까?　　67
　　과학과 민주주의가 결합할 수 있을까?　72

더 읽어 볼 책들　　　　　　　　　　　　76
논술·구술 기출 문제　　　　　　　　　　77

자신이 일으킨 혁명이 어떤 결과를 가져올지 아는 사람은 아무도 없다.

—프리드리히 엥겔스[●]

질문 : 과학이 발전하면 더 행복해질까?

요즘 우리 사회에는 전에 없이 뜨거운 화두가 떠오르고 있다. 고도의 지식과 기술이 낳은 첨단 과학이 어느새 인류의 미

● ● ●

프리드리히 엥겔스(1820~1895) 독일 사회주의자로서 마르크스와 함께 마르크 주의를 창시하였다. 부유한 공장주의 아들로 태어났지만 군 복무 후 공산주의자 로 돌아선다. 1844년 마르크스가 편집하던 《독불연보》에 기고한 논문에서 자유주 의 경제 이론의 모순을 폭로했고, 혁명에 대한 전망을 내놓았다. 1847년 공산주의 자 동맹을 창설하고 1848년 2월 마르크스와 공동으로 「공산당 선언」을 발표하였 다. 그 직후 프랑스에서 2월 혁명이 일어나자 마르크스와 함께 파리로 갔다가 다 시 쾰른으로 옮겨 독일 혁명을 지도하고 같은 해 6월 《신라인 신문》을 발행하였 다. 1850년 마르크스가 『자본론』 1권을 탈고할 때까지 거의 10년 동안을 괴롭게 아버지 사무실의 서기로 일하면서 마르크스를 물심양면으로 도왔다. 마르크스가 죽은 뒤에는 『자본론』 2, 3권을 썼다.

래에 대한 불안과 불신을 부추기는 두려움의 대상이 되었다는 것이다.

그러한 두려움의 극점에 있는 것은 아마도 핵 문제일 것이다. 핵을 어떻게 이용할 것인가 하는 문제는 한마디로 답하기 쉬운 문제가 아니다. 핵 문제에는 여러 가지 요소가 복잡하게 얽혀 있는데, 이는 핵이 과학 발전의 결과물이자 중요한 에너지원이면서, 동시에 잘못 사용하면 수많은 사람을 희생시킬 수도 있는 물질이기 때문이다.

핵만 문제가 되는 게 아니다. 과학을 둘러싼 논란은 유전자 변형 식품, 광우병, 생명 복제, 기후 변화 문제 등 다양한 성격의 위험 요소로 번져 가며 가열되어 왔다. 이러한 일련의 상황에 따르면, 마치 앞으로는 과학과 기술이 한 걸음씩 진보할 때마다 위생, 환경의 영역에서는 점차 위험이 쌓여 갈 것이며, 더 나아가서 과학과 기술의 진보 자체가 온갖 불안과 불신을 더해 가는 상징처럼 보이기도 한다.

사실, 현대 이전에는 과학의 위험성이 지금처럼 뚜렷하게 제기된 적이 없었다. 근대 초기와 현재를 비교해 보면 과학을 보는 시각이 얼마나 크게 달라졌는지 잘 알 수 있다.

1755년에 포르투갈의 수도 리스본을 거의 폐허로 만들고 수천 명의 사상자를 낸 대지진이 일어났다. 그런데 이 비극적인 일을 접한 당시 학자들의 반응은 낙관적이고 확신에 차 있었다. 그들은 과학과 기술이 진보하면 이러한 큰 재앙은 일어나지 않을 거라고 믿었다. 지질학과 수학, 물리학 같은 과학이 발전하면 천재지변을 예측하고 예방할 수 있을 거라고 확신했던 것이다.

요컨대 근대가 막 시작될 무렵에 사람들은 과학이, 좀 더 정확히 표현하자면 과학 '들' 과 그 주변 학문들이 자연 재해의 절대적인 지배력에서 인간을 자유롭게 해 줄 것이라고 생각했다. 과학 지식을 축적해 기술이 발전하면, 산업 생산물이 증가하고, 인간 삶의 조건이 향상되어, 개개인은 점차 행복해질 것이라고 굳게 믿었다. 이러한 가설은 마침내 아주 커다란 사상적 흐름을 이루었는데, 데카르트,° 베이컨,° 콩도르세°가 초기

● ● ●

리스본 대지진 1755년 11월 1일 포르투갈의 리스본을 덮친 대지진. 대서양에서 일어난 지진과 그에 뒤이은 쓰나미로 인하여 도시의 4분의 3이 폐허로 변하고, 30만 명에 달하던 주민 대부분이 죽거나 다쳤다. 이 지진 때문에 포르투갈의 국력은 급격히 기울어서 식민지 경쟁에서 탈락하고 만다.

르네 데카르트(1596~1650) 프랑스의 철학자로 '근대 철학의 아버지' 라고도 불린다. 대표작인 『방법 서설』에서 새로운 과학이 역사적 진보를 이끌어 갈 것이라고 말하면서 "이러한 진보에 필수적인 실험과 관찰에 지식인들이 동참할 것을 호소함으로써 과학의 발전에 획기적인 영향을 미쳤다."(김상환, 「방법 서설—르네 데카르트」, 《동아일보》 2005년 6월 16일 참조.)

이론을 확립하고, 콩트,* 스펜서,* 르낭*이 이를 계승하면서 교조적 믿음으로 확립되었다.

19세기에 급속도로 발전한 과학은 교육 및 상업의 발달과 맞물려 마치 인류를 황금시대로 이끌어 갈 것처럼 보였다. 이

● ● ●

프랜시스 베이컨(1561~1626) 영국의 철학자이자 정치가. 『신기관』에서 근대 과학의 방법론을 정립하였고 과학의 진보와 효용에 대한 믿음을 압축적으로 담아냈다. "이 책은 17세기 과학 혁명을 주도했던 과학자들에게 널리 읽혔고, 결국 영국의 '왕립 협회'나 프랑스의 '과학 아카데미'와 같은 새로운 과학 단체들을 설립하고, 실험 과학을 추동했던 동인이 되었다. 과학자들은 실험을 통해서 자연에 조작을 가하고, 이 과정에서 새로운 법칙을 알 수 있다고 믿게 되었고, 이러한 실험을 위해서 공동 연구를 해야 하며 더 나아가서 국가와 사회가 이러한 과학 활동을 지원해야 한다고 주장하기 시작했다."(홍성욱, 「신기관──프랜시스 베이컨」, 《동아일보》 2005년 6월 25일)

마르키 드 콩도르세(1743~1794) 프랑스의 철학자이자 정치가로 『인간 정신 진보에 대한 역사적 개요』에서 인류의 무한한 진보를 믿고 역사 발전에 대한 낙관주의적 견해를 표명하였다.

오귀스트 콩트(1798~1857) 프랑스의 철학자로 사회학의 창시자이다. 대표작인 『실증 철학 강의』에서 인간 지식의 발전 단계를 신학적 단계, 형이상학적 단계, 그리고 실증적 단계로 나누어서 고찰하고, 최후의 실증적 단계가 참다운 과학적 지식의 단계라고 주장함으로써 진보에 대한 신념을 이론화하였다.

허버트 스펜서(1820~1903) 영국의 철학자로 거의 평생에 걸쳐서 쓴 『종합 철학 체계』에서 우주의 탄생에서 인간 사회의 발전에 이르는 모든 것을 진화의 원리에 따라 서술하였다.

조제프 에르네스트 르낭(1823~1892) 프랑스의 사상가 및 종교사 학자이다. 『과학의 미래』에서 과학 발전에 따른 민주주의적 이상 사회 실현에 낙관적인 희망을 피력하였다.

러한 분위기에 힘입어 사회주의 철학자인 생시몽*은 1814년
에, 마치 위대한 예언가라도 된 듯이, 앞으로 몇 세대 안에 과
거의 낡은 사상이 모두 몰락할 것이라고 감히 말할 수 있었다.
이렇게 해서 마침내 **진보** 사상이 기독교에 얽매인 구원 사상을
대체하게 되었고, 사람들은 미래에서 전적으로 희망만을 보기
에 이르렀다.

　물론 오늘날에도 여전히 이러한 종류의 진보 사상이 사회
전체의 주류를 이루고 있다. 그러나 근대 초기와는 분위기가
완전히 달라졌다.

　첫째, 현대인들은 미래에 대해 끊임없이 불안해한다. 아직
일어나지 않은 일, 앞으로 일어날지 일어나지 않을지 모르는
일을 미리 걱정하는 것이다.

　물론 옛날 사람들도 똑같이 미래를 두려워했다. 그러나 둘
사이에는 아주 커다랗고 중요한 차이가 있다. 옛날 사람들은

● ● ●

클로드앙리 드 루브루아 생시몽(1760~1825)　프랑스의 철학자. 공상적 사회주
의의 창시자로 불린다. 본래 귀족 가문 출신이지만, 미국 독립 전쟁과 프랑스 혁명
을 경험하고 진보적 역사관을 갖게 되었다. 산업화가 새로운 사회 체제를 가져올
것이며, 미래의 과학과 기술이 사회 문제를 대부분 해결할 것이라고 믿었다. 그의
사상은 후에 존 스튜어트 밀이나 마르크스, 엥겔스 등에게 영향을 미쳤다.

스스로를 무력한 존재로 생각했기 때문에 미래를 두려워했다. 그러나 현대인들은 자신이 행한 일이 앞으로 어떤 결과가 되어 나타날지 모르기 때문에 미래를 두려워한다. 더 명확히 말하면, 현대인들은 터무니없이 큰 힘을 갖고 있으면서도 그 힘을 온전히 통제할 수 없기 때문에 미래를 두려워한다. 스스로 역사를 만들어 가면서도 그 역사가 '실제로' 어떻게 될지 장담하지 못하는 상황인 것이다.

둘째, 현대는 인류 역사상 유례가 없을 정도로 안전한 시대인데도 종종 **위험 사회**로 표현되곤 한다. 위험 사회는 모든 것을 위협의 관점에서 바라보게 만든다. 심지어 기술 철학자인 장피에르 뒤피 같은 사람은 『파국의 시대』라는 책에서 현대를 '재앙의 시기'라고까지 불렀다. 오늘날의 시대적 분위기 역

● ● ●

위험 사회 독일의 사회학자 울리히 벡(1944~)의 용어이다. 울리히 벡은 1986년 『위험 사회』라는 저서를 통해 서구를 중심으로 추구해 온 산업화와 근대화가 실제로는 괴물과도 같은 '위험 사회'를 낳았다고 주장했다.

장피에르 뒤피(1941~) 프랑스의 철학자. 현재 프랑스 에콜 폴리테크니크에서 사회 철학과 정치 철학을 가르치고 있다. 『마음의 기계화』에서 인지 과학 및 인공 지능의 기원을 추적하여 그 근원에 위너가 주창한 사이버네틱스가 있음을 밝혀냈으며, 또 사이버네틱스가 어떻게 카오스 이론과 복잡성 이론 등에 영향을 미쳤는가를 보여 주었다. 그 밖의 저서로는 『자기 기만과 합리성의 패러독스』 등이 있다.

시 이러한 과민 반응과 관련이 있다.

현대인들은 과학적, 기술적 혁신이 발표될 때마다 그러한 혁신이 가져올 잠재적 위험을 꼽아 보기에 바쁘다. 그것이 극히 작은 위험일지라도 말이다. 그렇다면 현대인들이 하나같이 지독한 과민성 불안증에라도 걸린 것일까? 우리는 무결점에, 완벽하고, 조용하고, 공해 없고, 간편하고, 경제적이며, 부작용이 전혀 없는 기술을 요구한다. 그러나 과학자들과 기술자들은 이 모든 것을 동시에 충족시켜 주는 기술이란 존재할 수 없음을 잘 알고 있다. 그런 기술을 만들어 낼 수 있는 사람은 아무도 없다.

마지막으로 현대인은 과학이 아니라 자연에 더 깊이 의존하는 경향이 있다. 문명에 대한 낙관론을 단순히 뒤집은 견해일지도 모르지만 현대인들은 더 이상 첨단 과학을 진보라고 하지 않고 낙원에서의 '추락' 이라고 한다. 과학의 발전으로 얻은 기술적 성과가 우리를 더 자유롭고 행복하게 해 주었는가라는 질문에 자신 있게 그렇다고 대답할 수 없게 되어 버린 것이다.

이러한 극단적인 방향 전환은 차치하고라도, 또는 그러한 방향 전환 때문에 과학자를 견습 마녀쯤으로 여기는 생각이 다시 힘을 얻어 점차 확산되고 있다. 그에 따라 핵물리학자만 마녀로 의심받는 것(오히려 이들에 대한 의심은 조금 줄어들었다고 할 수 있다.)이 아니라 이제는 생명 그 자체를 조작할 수 있게 된 생물학자 역시 그러한 의심을 받고 있는 것이다.

여기서 우리는 프랑켄슈타인의 신화가 다시 한 번 살아 숨쉬는 것을 느낄 수 있다. 한 과학자가 만든 피조물이 창조의 본래 목적에서 벗어나 오히려 사람들을 죽이고 영지를 파괴하는 이야기 말이다. 오늘날 과학 연구는 프랑켄슈타인에 비유되고 있다. 과학 연구가 언제든지 인간의 손아귀에서 빠져나가 오히려 인간을 위협하는 결과를 빚을 수 있다는 것이다. 그리고 이런 종류의 이야기가 인구에 회자됨에 따라, 일반 시민들은 그것이 가져올 온갖 위험에도 불구하고 비인간적인 것을 은밀하게 만들어 내고, 끔찍한 결과를 불러일으킬 가능성이 있는 비자연적인 것을 비밀리에 고안하고 있다고 짐작되는 지식인들, 즉 과학자들을 극도로 불신하게 되었다.

과학자를 미심쩍게 보는 경향은 그만큼 현대인이 위험에 민감해졌다는 증거이기도 하다. 조금이라도 우리 자신을 위험에 빠뜨릴 수 있는 것은 아주 사소한 것조차도 다 두려워하고 있다. 우리는 그 한 증거를 생명 과학(또는 의학)이 가져온 변화에서 찾아볼 수 있다. 생명 과학이 끊임없이 발전함에 따라 인류는 죽음에 대한 극도의 불안에서 상당히 벗어나게 되었다. 하지만 지금 인류는 새로운 불안에 시달리고 있다. 죽음의 두려움을 이겨냈으면서도 새로운 불안에 사로잡혀 버린 것이다. 그 결과 이제 우리는 먹는 것, 숨쉬는 것, 입는 것, 타는 것 등 우리의 삶을 이루는 수많은 행위에서 더 큰 안전을 고민하게 되었다.

왜 그럴까? 죽음에 대한 절대적인 불안에서 벗어났는데 오히려 우리는 왜 더 불안하게 되었을까?

과학과 기술의 발전에 힘입어 수명이 늘어나고, 물질적으로 풍요롭고 쾌적한 생활로 접어들자, 사람들이 역사상 처음으로 자기 자신을 일정 기간 동안 소유권이 보장된 일종의 재산처럼 여기게 된 것이 그 한 이유일 것이다. 현대인들은 갑자기 건강을 잃거나 생명에 위협을 받으면 삶을 송두리째 잃어버린 것처럼 느끼게 되었으며, 옛날 사람들보다 상실감이 훨씬 더 커져서 이를 견딜 수 없게 되었다.

또 하나의 이유로 과거와 달리 내세에 대한 종교적 희망이 아주 약해진 것을 들 수 있다. 내세를 부인하고 나자 사람들은 현세의 삶을 더 소중하게 생각하게 되었고, 그럴수록 현재의 삶을 잃을까 해서 두려워하게 된 것이다.

니체와 같은 사상가는 이미 한 세기 전에 이러한 주장을 했지만 당시에는 많은 사람들의 호응을 얻지 못했다. 그렇다면 왜 우리는 불과 두 세기 전만 해도 거의 아무도 의심하지 않았던, 오히려 문명의 기초처럼 여겨졌던 생각들을 인정하지 않게 된 것일까? 배신일까? 지나치게 귀여움을 받은 나머지 버릇이 없어진 어린아이의 토라짐 때문일까? 아니면 갑자기 머릿속에서 솟아오른 지혜 때문일까?

1

과학이 **행복한 미래**를 보장할까?

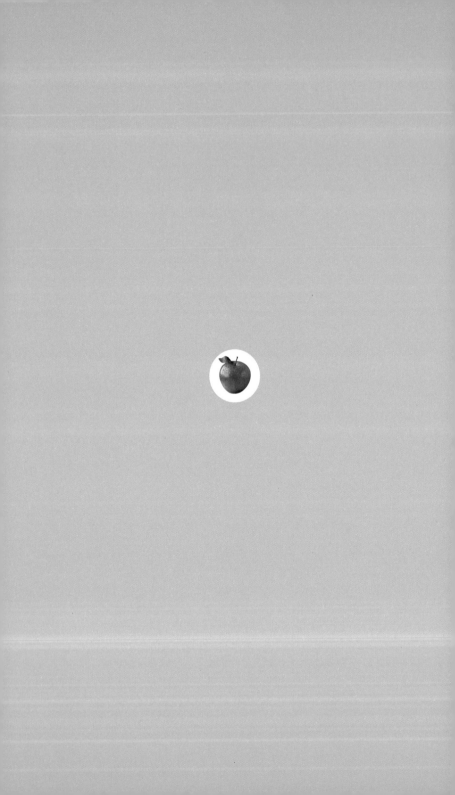

인간은 미래로부터 감시를 받는 운명을 타고났다.

—한스 요나스

우리는 왜 미래를 불안해할까?

미래를 불안해하는 경향은 현대 사회 곳곳에서 드러난다. 그리고 앞에서 살펴본 바와 같이 우리는 미래에 대한 불안이 대개 과학과 관련되어 있다고 생각하고 있다.

그러나 사람들의 생각과는 달리, 미래가 불확실한 이유가

* * *

한스 요나스(1903~1993) 독일의 생태 철학자. 『책임의 원리』에서 인간은 자신의 자유를 실현하기 위하여 자연을 지배하였지만 자연에 대한 지나친 지배는 결국 자유를 실현할 수 있는 가능성마저 파괴할 수 있다고 경고한다. 요나스는 자연에 속해 있는 인간이 자신의 자유를 실현하려면 자연과 유기적 관계를 맺어야 한다고 주장하여 윤리의 대상을 자연으로 확장함으로써 현대 철학의 생태학적 전환에 결정적으로 기여했다.(이진우, 「한스 요나스와 생태 철학」, 《조선일보》 1999년 4월 15일 참조.)

단지 과학 때문만은 아니다. 20세기가 어떻게 끝났는지 생각해 보라. 세상 사람의 절반이 한 세기 동안이나 정치적 이상향이 라고 믿어 왔던 공산주의가 갑자기 붕괴했다. 그 결과 밀어닥 친 정치적 충격이야말로 우리가 미래를 불안하게 생각하도록 만든 가장 큰 원인일 수도 있다. 이제 사회의 모든 분야와 관계를 맺게 된 과학이 현재 우리가 겪고 있는 인내심의 위기˚ 의 첫 번째 희생양은 아닌지 한 번쯤 생각해 볼 필요가 있다.

미래는 이미 결정된 것일까?

아침부터 저녁까지 우리를 지배하는 것은 늘 현재이다. 현존의 존재론, 순간의 헤게모니, 이른바 '현실' 시간의 지배력 이 우리를 사로잡고 있다. 지금 이 순간보다 진실한 것은 아무

● ● ● ●

인내심의 위기 프랑스의 철학자 장피에르 뒤피가 주장한 사회 현상. 뒤피는 오늘날 과학 기술의 발전에 힘입어 응용 기술과 대중 매체가 보편화되었지만, 이에 익숙해진 대중은 오히려 과학 원리를 이해하는 데 흥미를 잃고, 즉각적인 재미를 추구하는 현상이 갈수록 심해진다고 말한다. 그는 대중의 무관심이 과학의 미래를 위협할 수도 있다고 경고한다.

것도 없는 것이다.

그러나 지금이라는 순간이 사라짐과 동시에 현재는 미래로부터 떨어져 나간다. 현재가 우리 눈앞에서 저절로 사라져 버리는 것이다. 단절된 순간순간을 어지럽게 흘려 보내는 탓에 혼란에 빠진 우리는 전체적으로 어떤 상황이 전개되고 있는지, 과학이 거기서 어떤 역할을 하고 있는지 파악할 수 없게 되었다.

오랜 세월 동안 사람들은 결정론˚에 입각해 미래를 예측해 왔다. 초기 조건과 역사적 법칙에 따라 미래를 위한 각자의 역할이 정해진다고 믿었다. 거대한 하부 구조의 영향력과 진보의 추동력이 한 집단의 미래를 결정하며, 사회 문화적 배경, 개인적인 자질, 어린 시절에 겪은 정신적 외상˚ 등이 한 사람의 운명을 결정한다고 생각한 것이다. 허공에 돌을 던지면 포물선을 그리다가 땅에 떨어지는 것처럼 시간 또한 일정한 법칙에 따라

● ● ● ●

결정론 모든 사건의 결과가 이미 존재하는 원인에 따라 결정된다고 보는 철학 이론. 인간의 의지나 우연 등을 배제하고 원인과 결과로 모든 것을 판단하는 관점이다. 근대 물리학이 발달하는 토대가 되었다.

정신적 외상(trauma) 정신에 변화를 일으킬 정도의 강렬한 충격을 가리키는 정신 분석 용어. 충격이 강할 뿐만 아니라 없어지지 않고 오래도록 남아 정신 활동에 큰 영향을 미치는 것으로 알려져 있다.

전개된다고 여긴 것이다.

그러나 오늘날 시간에 대한 생각이 바뀌었고, 시대도 달라졌다. 우리는 더 이상 앞으로 나타날 것이 이미 존재하는 것의 연장이라고 생각하지 않는다. 미래는 위험이라는 가면을 쓴 채 분명하고 확실한 이미지를 보여 주지 않고, 그것을 예측할 수 있는 수단마저 산산조각 난 것처럼 보인다. 미래가 인간이 의도하는 대로 될 것이라고는 더 이상 아무도 생각하지 않는다.

미래에 대비해 계획을 세우는 것은 헛된 일일까?

현재 만들어지는 것은 무엇인가? 또 파괴되는 것은 무엇인가? 하나를 완벽하게 해결했다 싶으면 거기로부터 다시 문제가 생겨난다. 지식이 계속해서 무지(無知)를 낳고 있으며, 그렇게 만들어진 무지는 다시 새로운 지식을 필요로 한다. 이러한 낯선 상황, 해결이 문제를 낳고 문제가 다시 해결을 낳으며 지식이 무지를 낳고 무지가 다시 지식을 낳는 이 예기치 못한 순환 고리 덕분에 우리의 삶은 전적으로 우리가 만들어 내는 불확실성에 의존하게 되었다. 그렇기 때문에 우리의 의도에 따라 만들어지고 있는 것처럼 보이는 미래를 마음속 깊은 곳으로부터 두려워하는 것이다.

새로운 사회를 만들 수 있다는 희망을 안겨 주었던 그리 오래지 않은 이념들은 오늘날 빛을 잃어 가고 있다. 전 세계에 만연한 무기력과 피로 덕분에 '근본적으로 다른 미래', 즉 만족스럽고 마음 편한 미래에 대한 희망이 예측이 빗나간 것처럼 완벽하게 사라져 버렸다.

오늘날은 종말의 시대가 아니라 넓게 퍼진 어둠의 시대, 마치 당연히 느껴져야 할 더위가 사라진, 여름날 저녁 무렵 같은 시기다.

이러한 아노미 현상*은 미래에 대한 사회적 통념에 영향을 미치고, 갖가지 부수 효과를 낳고 있다. 계획을 공들여 짜는 게 어려워졌다는 점을 그 예로 들 수 있다. 하나의 계획을 만들려면 먼저 구상을 해야 하고, 구상을 하려면 먼저 원하는 미래를 선택해야 한다. 다시 말해 '개념'과 '실현'을 분리한 다음, 머릿속에 미래의 개념을 그려야 하는 것이다.

● ● ●

아노미 현상 옳고 그름을 판단하는 가치관 또는 기준이 붕괴된 상태를 가리키는 사회학 용어. 프랑스의 사회학자 에밀 뒤르켐(1858~1917)의 연구에서 유래한 말이다. 사회 전반에 걸쳐 나타나는 혼돈뿐만 아니라 가치 판단에 어려움을 겪는 개인의 상태를 가리키도 한다.

그러나 미래의 모습을 그려 보는 일 자체가 불가능하다면 어떻게 계획을 세우겠는가? 계획의 토대가 무너진 것이나 다름없다. 우리는 더 이상 '그림 그 너머'를 볼 수 없다. 물론 이런 말이 무색할 만큼 우리는 이전 그 어느 때보다 더 자주 계획에 대한 논의를 하고 있다.

기업들을 생각해 보면 이 말을 즉시 이해할 수 있을 것이다. 그러나 넘쳐나는 계획들은 모두 진정한 미래의 모습이 아니라 지극히 현실적인 문제들이다. 즉, 중단기적인 생산성이나 효율성, 충분한 수익성 등을 확보하려고 미리 정해 놓은 기능을 어떻게 이용하느냐 하는 것들이다. 사실 이토록 많은 수단을 갖고 있으면서도 이다지도 계획을 수립하지 못했던 적도 없다.

미래에 대한 불안을 갖게 하는 객관적인 요소들은 계속 늘어나고 있다. 사회에 만연한 불확실성, 정치적 이상의 소멸, 일방적인 세계화, 권력자들의 오만함, 부자들의 냉소주의, 물질적인 혜택을 거의 받지 못하고 버려진 채 잊혀져 가는 사람들에 대한 무관심 등.

그 결과 비관주의가 유행처럼 번져 나가고 있다. 사람들은 인간과 사회의 미래에 관해 자문하고, 갑자기 위기가 닥칠 거라고 경고하며, 물이나 에너지, 인구처럼 머지않은 미래에 닥칠 위협을 조사하기도 한다.

사진만 보아도 분명히 알 수 있다. 지구의 미래에 관해 토론하려고 모인 각국 정상들의 회담은 즐거운 바비큐 파티와는 확실히 분위기가 다르다. 그렇다면 우리도 작가인 에밀 시오랑이 그랬던 것처럼 "걱정만이 우리에게 미래에 대한 상세한 데이터, 즉 해결책을 제공한다."라고 선언해야 할까?

미래에는 모든 것이 현재보다 나아질까?

사실 우리가 미래에 기대하는 모든 것은 한 단어로 요약할 수 있다. 바로 '진보'다. 진보는 오랫동안 마술 같은 효력을 지녀 왔다. 그것은 미래는 현재보다 더 낫고 더 훌륭하며, 지금 세대에는 불가능하더라도 후대에는 완성될 단계로 여기게 만들었다. 진보에 대한 신념 때문에 사람들은 맹목적으로 과학, 기술, 산업 등을 발전시키는 데 열중했고, 그렇게 하면 정치와 도덕도 발전할 것이라고 생각했다. 진보에 대한 사회적 통념은 결국 '행복이 지속되리라는 믿음'에 다름없었다. 진보는 사람들에게 위안과 희망을 줌으로써 현재라는 빈혈 상태에 필요한 일종의 영양제 역할을 했던 것이다.

그런데 오늘날에도 이러한 진술이 유효할까? 결론부터 말하면, 아니다.

오늘날 진보는 마치 미래를 향해 크게 입을 벌렸다가 부서져 버린 확성기 같은 꼴이 되었다. 우리는 진보가 몇 세기에 걸쳐 이룩한 업적을 인정하는 동시에 진보의 존재를 의심한다. 오늘날에는 노동자라 할지라도 중세 유럽의 귀족보다 물질적으로 훨씬 풍요롭다. 굶지 않고 배불리 먹으며, 900년 전과 비교도 안 될 만큼 발전한 의학의 혜택을 받고, 선조들보다 훨씬 더 오래 산다. 이 모든 것은 분명 진보의 결과이다. 그런데 왜 우리는 진보를 말하고 인정하는 데 옛날보다 훨씬 인색할까.

혹시 우리가 장님이라도 된 것일까? 아니다. 우리는 현대가 수많은 발명품과 풍족한 생산물에 둘러싸여 있으며, 모든 분야에서 혁신에 열중하고 있음을 잘 알고 있다.

그런데 왜 이 시대는 여전히 결핍으로 가득 차 있는 듯한 것일까? 무언가 부족하다는 느낌은 분명히 존재할 뿐 아니라 우리 영혼을 갉아먹으면서 지속적으로 나타나고 있다. 무언가 나빠진다는 느낌이 분명히 존재하기는 하는데 그게 무엇인지 잘 모르고 있을 뿐이다.

진보라는 개념은 과연 우리 눈앞에서 천천히 사라질 것인가? 우리는 진보 개념이 사라질 수도 있다는 생각만으로도 현기증을 내며 불안에 떤다. 우리는 타잔이 아니기 때문이다.

현대인은 아마도 원시 생활로 돌아가도 합성 섬유로 된 옷을 입고,
신용 카드, 휴대 전화, 항생제, 그리고 음반 한 장쯤은 필요하다고 생각할 것이다.

피치 못할 상황이라면 전혀 인공이 깃들지 않은 자연으로 돌아가거나 타잔처럼 사는 상상도 할 수 있을 것이다. 그러나 잠시 그럴 뿐 곧 합성 섬유로 된 옷을 입고, 신용 카드, 휴대 전화, 위성 위치 확인 시스템(GPS), 항생제가 들어 있는 등산 배낭, 롤링스톤스 음반 한 장은 있는 삶으로 가능한 한 빨리 되돌아가기를 원하게 될 것이다.

이것이 진보와 우리 사이의 모순이다. 더 이상 진보를 믿지 않으면서도 진보가 사라질 거라는 생각에 벌벌 떨고 있다. 이는 그만큼 우리가 진보에 강하게 집착한다는 뜻이다.

2

과학 발전을
예측할 수 있을까?

나의 아저씨, 유명한 손재주꾼…….

—보리스 비앙*

과학은 정해진 방식에 따라 발전할까?

과학은 어떻게 진보하는가? 과학은 어떻게 성장하는가? 학
생 시절 과학 시간에 보았던 수은처럼 과학적 아이디어의 궤적
은 추적이 불가능하다. 새로운 합류 지점, 새로운 삼각주를 만
들기 위해 쏟아져 퍼지다가 여러 갈래로 나뉘고, 다시 결합하
기 때문이다. 과학의 역사를 살펴보면 놀라움과 모순으로 가득
하다.

과학사를 빛낸 것들 중에는 순수한 가설과 엄밀한 실험의

●●●●

보리스 비앙(1920~1959) 프랑스의 작가이자 상송 가수. 대표작으로 『거품 같은
나날들』이 있다.

결과가 아니라 우연히 발견된 것도 무수히 많다는 것을 알 수 있다. 예를 들어 GPS는 아인슈타인의 일반 상대성 이론이 상당히 간접적으로 응용된 기술이다. 앙리 베크렐*이 엑스선을 이용해 어떤 현상을 연구하다가 천연 방사능 물질을 발견한 것도 같은 경우다.

과거와 마찬가지로 오늘날에도 어떤 발견이 장차 순수 과학이 될지, 아니면 다른 분야에 응용될지 예측할 수 없다. 그리고 과학 연구의 결과물이 긍정적인 용도로 사용될지 어떨지도 여전히 짐작하기 힘들다.

과학은 어떻게 사회를 바꿀까?

전통적으로 과학 연구는 두 가지 유형으로 나뉜다. 하나는 기초 연구이고, 다른 하나는 응용 연구이다.

기초 연구는 물질, 생명, 우주, 인간 행동 등에 대한 일반 법

● ● ●

앙리 베크렐(1852~1908) 프랑스의 물리학자. 방사능을 발견한 공로로 1903년 퀴리 부부와 함께 노벨 물리학상을 받았다.

칙을 찾아내고 규정하는 연구이다. 응용 연구는 현실에 영향을 끼치거나 실제 문제들을 해결하는 데 필요한 지식을 만들어 내는 연구이다.

그러나 이 설명은 너무 피상적이다. 따라서 이를 보충하는 다른 '이념형'*이 필요한데, 가령 공학이나 감정 평가 같은 것이 거기에 포함된다. 공학은 응용 연구에서 얻은 해결책들을 이용하는 학문이고, 감정 평가는 기업이나 관청에서 이루어지는 활동이나 선택에 도움을 주는 지식을 모아 놓은 것이다.

그러나 실제로 연구자들은 이러한 범주를 자주 넘나들기 때문에 연구 대상은 기초에서 응용으로 이어지는 '연속체' 처럼 다루어지기도 한다. 연속체는 예측할 수 없는 것들이 계속해서 나타나기 때문에 경계를 확실히 정하기가 어렵다. 이 말은 기초 연구와 응용 연구를 구별하는 게 전혀 타당하지 않다거나, 과학을 구성하는 다양한 활동들을 동일한 기준 아래 놓고 봐야 한다는 뜻이 아니다. 만약 그러한 과학을 만들려면 곁가지를 모두 쳐 내고 오직 순수한 체계로 구성된 이상적인 모델이 필

● ● ●

이념형 막스 베버의 용어로, 연구 대상을 체계적으로 이해하기 위해 어떤 사실들을 추상화하고 일반화한 분석 도구를 말한다.

요하다. 이러한 완벽한 모델에서만 비로소 과학 그 자체를 포함한 모든 개념을 정의할 수 있다. 그러나 모든 것이 까다롭게 얽혀 있는 오늘날과 같은 시대에는 더 이상 방금 언급한 이념형들을 서로 별개로 생각할 수 없다.

어떤 연구로부터 우연히 발견된 쓰임새가 얼마나 우연히 결정되는가를 보여 주는 예를 들어 보자. 중성미자●라고 불리는 입자의 기본 특성을 연구하는 과학자들은 미세한 양의 방사능까지 측정할 수 있는, 극히 민감한 탐지기를 만드는 데 성공했다. 그런데 지난 2000년 어느 화창한 날, 그 탐지기의 발명 축하 파티에서 우연히 한 와인 연구가가 평소처럼 와인을 마시면서 물리학자와 대화를 하게 되었다. 최고급 포도주에 표시된 제조 연도가 가짜가 아닐까 하고 의심하던 와인 연구가가 물리

●●●

중성미자 뉴트리노라고도 한다. 중성자가 양성자와 전자로 붕괴될 때 생기는 소립자로 전하가 없으며, 질량이 극히 작다. 전자 중성미자, 뮤온 중성미자, 타우 중성미자 등 세 종류가 있다. 전자 중성미자는 1930년 오스트리아의 물리학자 볼프강 파울리가 최초로 제안했다. 원자핵의 베타 붕괴 과정을 에너지와 운동량 보존 법칙에 맞추기 위해서였다. 1934년에 엔리코 페르미가 그 입자에 중성미자라는 이름을 붙였으며, 1956년 라이너스와 코언이 최초로 관측했다. 1962년에는 잭 스타인버그, 레온 레더먼, 멜빈 슈바르츠가 뮤온 중성미자를 발견했으며 마틴 펄은 1974~1977년에 걸친 일련의 실험을 통하여 타우 중성미자를 발견했다.

학자에게 물었다.

"포도주를 병에 담은 날짜가 언제인지 쉽게 알아볼 수 있는 방법이 없을까요?"

그러자 물리학자는 즉시 자신이 개발한 고감도 탐지기를 떠올렸다. '포도주 병에 들어 있는 방사능, 특히 세슘137에서 나온 방사능을 이 탐지기로 측정할 수 있지 않을까?'

세슘137은 본래 대기 중에는 존재하지 않는 물질이므로 여기서 나오는 방사능 물질은 매우 적은 양일 수밖에 없기 때문에 고감도 탐지기가 아니면 측정할 수 없다. 그런데 세슘137은 인공적으로 만들어지므로 강대국들이 시행하는 대기 중 핵 실험이나 체르노빌 사건 같은 정도의 핵분열이 일어나지 않으면 존재할 수 없다. 실제로 측정한 결과 핵 실험이 없었던 1950년 이전에 만들어진 와인에서는 세슘137이 나오지 않았다. 또 제조 연도마다 세슘137의 성분 비율이 다르므로 포도가 언제 수확되었는지도 알 수 있게 되었다. 기초 물리학의 연구 결과를 이용하면 이처럼 실제로 직접 수사하지 않아도 불법 행위를 밝혀낼 수 있는 것이다.

반대로 응용 물리학의 연구 성과가 기초 물리학에 영향을 주는 일도 간혹 일어난다. 가장 좋은 예는 1905년에 발표된 특수 상대성 이론이다. 당시 아인슈타인은 베른의 연방 특허국에서 감정관으로 일하고 있었다. 그는 거기서 일하면서 훌륭한 논문 세 편을 썼는데, 그중 「움직이는 물체의 전기 역학에 관하여」라는 논문에서 상대성 이론의 기초를 설명하고, 공간과 시간의 새로운 개념을 제시했다.

사람들은 흔히 아인슈타인이 이 당시에 이론적인 문제에만 흥미를 갖고, 아이디어를 응용하는 데는 무관심했다고 말하곤 한다. 그런데 알고 보면 이보다 더 복잡한 사정이 있다. 과학사학자인 피터 갤리슨●이 「특수 상대성 이론이라는 환상 열차」에서 지적한 것처럼, 상대성 이론의 초기 논문은 사고를 집약한 결과가 아니라 특허 덕분에 얻은 것이었다. 그 증거로 다음 두 가지를 들 수 있다.

첫째, 그의 논문은 보통의 논문과 형식이 달랐다. 논문에 사용한 수학 이론은 극히 기초적인 것이었고, 주석도 없을 뿐 아니라 다른 논문이나 연구에서 참조한 지식도 전혀 없었다.

● ● ● ●

피터 갤리슨(1955~) 미국의 과학사학자. 하버드 대학교 과학사학과에서 학생들을 가르치고 있다. 이론과 실험이 획일적인 논리에 따라 규정된다는 논리실증주의, 환원주의 등을 경계해야 한다고 주장한다. 과학 연구에서 실험, 이론, 실험 기구 등이 부분적으로 자율적인 구조를 갖는 과학 모형을 제시했다. 저서에 『이미지와 논리』 등이 있다.

둘째, 상대성 이론의 창시자인 아인슈타인이 하루 종일 감정한 특허들 중에서 가장 중요한 것은, 바로 시간을 표준화하여 각 도시의 시간을 기차 시간표와 일치시키는 것이었다!

19세기 말에는 도시마다 시간이 조금씩 달랐기 때문에 수많은 기술자들이 표준 시각에 시계를 맞출 방법을 찾고 있었다. 이 점에서 독일은 유럽의 다른 나라들보다 앞섰다. 1891년 영향력 있는 인물이었던 폰 몰트케 백작*이 시간 조정은 국가적 과제라고 황실 의회에서 주장했기 때문이다. 사실 여행과 군사 활동뿐 아니라 독일을 새롭게 통합하기 위해서도 표준시를 마련할 필요가 있었다. 이 시기의 기술자들은 시간을 표준화하기 위해 기계와 전기를 혼합한 방식을 사용하고 있었지만 어느 것도 만족스럽지 않았다.

20세기 초에는 시간 조정에 관한 아이디어가 선거 공약처럼 나타났다 사라지곤 했다. 수많은 사람들이 저마다 특허를 신청했고, 베른의 연방 특허국에 제출된 신청 서류는 대부분 아인

● ● ●

헬무트 폰 몰트케(1800~1891) 프로이센의 군인. 뛰어난 전략가로서 근대적 참모제도의 창시자로 알려졌다. 군 참모총장을 역임하는 동안 덴마크, 오스트리아, 프랑스와의 전쟁에서 프로이센을 승리로 이끌었다.

슈타인의 책상으로 배달되었다. 아인슈타인은 그 서류들을 상세하게 분석하면서 전자기학에 대한 관례적인 설명이 잘못되었다는 것을 발견했다. 예를 들어 자석과 전기를 띤 물체의 상호 작용을 묘사할 때, 자석이 움직이고 전기를 띤 물체가 가만히 있으면 자석 주위에 에너지와 함께 전기장이 발생하지만, 자석이 가만히 있고 전기를 띤 물체가 움직이면 자석 주위에는 에너지가 발생하지 않는다. 당시에는 아무도 이를 이상하게 생각하지 않았지만, 아인슈타인은 전자기 현상의 비대칭성에 의문을 품고 이를 해결하기 위하여 애쓰기 시작했다. 그는 이러한 불균형을 없애려면 우선 빛이 통과할 때 진동한다고 알려져 있던 가상의 매질, 즉 '에테르'라는 개념을 포기해야 한다고 생각했다. 그다음 아인슈타인이 이 새로운 가설의 결과를 검토하자 공간, 시간, 그리고 동시성이 각각 절대적인 특질 없이 상대적으로 존재한다는 사실이 드러났다. 특수 상대성 이론이 태어난 것이다.

과학 연구의 성과를 판단하는 기준이 있을까?

앞서 살펴본 역사적 사례들처럼 과학적 연구의 서로 다른 면들은 다양한 방식으로 연결되어 있다.

우선, 질서에 대한 집착이 물리학의 가장 중요한 개념을 이끌어 냈다. 그렇게 정립된 개념은 획기적인 이론적 결과뿐만 아니라 누구도 예상하지 못했던 응용으로 이어진다. 아인슈타인만 해도 상대성 이론이 에너지와 질량의 등가 원리($E=mc^2$)를 내포하고 있다는 것을 이해하지 못했다. 또 자신의 이론이 원자 폭탄을 제조하거나 원자력 발전소에서 전기를 생산하는 데 쓰일 거라고는 더더욱 상상하지 못했다.

결국 우리는 이제껏 당연시했던 아인슈타인의 이미지를 수정해야 한다. 더불어 과학 전체의 모습도 마찬가지다. 아인슈타인을 베른의 연방 특허국에서 생활비를 근근이 벌던, 순수하게 '에테르적인' 과학자로 볼 것이 아니라, 자신이 살던 시대의 가장 전형적인 기계 장치(시계와 기차)와 메커니즘 속에서 조금 다른 생각을 했던 기술자라고 생각해야 할 것이다.

전자기를 이용해 표준화된 시계를 만들어 기차 발착 시간을 일치시킨 일은 당시 유럽에서 매우 대단한 사건이었다. 그러나 정확히 말하면 이는 '기술' 문제를 넘어선다. 당시 시계 제조업, 군대, 철도 회사의 주력 과제였던 기차 발착 시간의 표준화는 이제 **빠른** 속도로 서로를 이어 주는 기차라는 현대 세계의 상징이기도 했던 것이다.

이 예는 **과학적 진보**의 내용을 확인하기가 어렵다는 사실을 말해 준다. 발견이나 발명은 사회적 상황에 따라 별 어려움 없이 판단할 수 있지만, 무엇이 닭이고 무엇이 달걀인지는 쉽게 말할 수 없다.

3

과학과 더불어 **어떤**
새로운 일이 일어나는가?

역을 지나 계속 달리는 기차에게 기차의 목적지는
이제 종착역이기를 거부한다.

—피에르 닥[*]

과학이 발전하면 무엇이 바뀔까?

증명이 끝난 사실은 너무 평범해져서 상투적인 말처럼 들린
다. 현재 우리는 지식과 기술이 급격히 변화하는 시대에 살고
있다는 말도 그런 예에 속한다.

약 50년 전부터 인공 지능이나 인공 생명과 같은 분야에서
놀라운 기술 팽창이 일어나 자연과 기술 사이에 존재하던 경계
가 급격히 무너졌다. 1800년부터 1950년까지 과학과 산업의
순환 고리가 바뀌기 시작했는데, 이제 산업이 과학으로부터 바

● ● ●

피에르 닥(1893~1975) 프랑스의 유머 작가이자 레지스탕스. 독일 점령기에 지
하 라디오 방송의 진행자로 활동했다.

통을 이어받아 '진보'를 끌어나가기 시작했다.

20세기 말 진보의 가장 중요한 원동력이 된 것은 생명 과학과 정보 과학이다. 생명 과학과 정보 과학의 발전은 가장 내밀한 것에서부터 가장 보편적인 것에 이르기까지 영향을 미치고 있다. 우리 신체와의 관계, 타인과의 관계, 세계와의 관계가 바뀌게 되는 것이다.

우선 신체와의 관계부터 살펴보자.

유전학적 발견으로 신체, 더 넓은 의미에서 생명체는 자연의 일부였던 단계를 지나 온갖 기술에 영향을 받고 있다. 가장 진보된 기술에 이르면 생명 그 자체를 심지어 '만들어 내는' 단계까지 진입했다. 그 밖에도 인공 출산, 수명을 연장하는 의료 장비 등 이제 우리는 손쉽게 우리 신체를 바꿀 수 있게 되었다.

다음으로 타인과의 관계를 따져 보자.

다른 사람들과 말이나 물건 등을 주고받는 과정 역시 예전과는 많이 다르다. 기술과 도구, 복잡한 경제 네트워크의 영향을 받아 크게 변하고 있는 것이다.

마지막으로 세계와의 관계도 달라지고 있다.

오랫동안 기술은 한 지역에만 영향을 미쳤다. 그런데 오늘날 기술은 전 세계에 퍼져 나가 장기간에 걸쳐 효력을 발휘하면서 돌이킬 수 없는 결과를 초래하기도 한다.

우리가 사는 세계는 우리 삶의 흔적을 받아들이고 저장하는, 통제되고는 있지만 불안정성은 오히려 늘어난 장소가 되었다. 인간 활동에서 비롯된 기후 변화뿐 아니라 컴퓨터 바이러스, 에이즈, 생화학 무기를 이용한 테러에 이르는, '감염-확산' 모델의 다양한 변이가 그 증거다.

이러한 복잡한 발전의 한가운데에서 우리는 '지금 여기'뿐만 아니라 '미래의 다른 어떤 곳'도 우리 마음대로 통제할 수 없게 되었다. 따라서 이제 인간 중심이 아니라 기술과 더불어 새로운 역사를 시작할 수밖에 없다. 그러나 기술적 행위가 환경에 미친 영향으로 얼룩진 그 역사는 길고, 불안하며, 뜻밖의 일로 가득할 것이다.

이와 동시에 진보에 대한 믿음도 와해된다. 정확히 말하면, 진보가 역사의 지배적인 법칙일 것이라는 생각, 즉 사물에 대한 이해력, 자연에 대한 지배력, 인간의 행복 등을 한꺼번에 그리고 기계적으로 발전시킬 법칙이라는 생각이 희미해지고 있는 것이다. **진보의 역사** 역시 우연한 사건으로 이루어진다는 점, 최선의 방향으로 나아갈 수도 있지만 최악의 방향으로도 움직일 수 있다는 점, 사소한 것 하나가 진보의 역사를 갑자기 둘로 갈리게 할 수 있다는 점을 이제는 알기 때문이다.

역사에는 위험 요소가 있다. 그러나 위험 요소가 있다면 그에 대한 '반작용', 즉 그것을 피해 갈 여지도 있다. 물론 위험을 피할 가능성이 그리 크지는 않다. 양심보다는 기술의 힘이 커지고, 그 힘이 기초 지식에 직접 작용하고 있다. 더 이상 자연을 통제하면 안 된다는 양심의 소리보다는 통제하지 못할 결과를 생산해 낼 기술이 더 멀리 퍼지고 있기 때문이다.

기술이 실험실에서 세상으로, '시험관 속'에서 '생명체 속'으로 이동하는 순간 복잡한 체계가 새로이 생겨난다. 그때부터 우리는 지금까지 한 번도 경험한 적이 없었던 복잡한 문제를 다룰 수밖에 없게 되었으며, 그 결과는 우리가 아는 것의 한계를 넘어서 버렸다. 미지의 영역으로 들어선 것이다. 그렇게 상호 작용하던 이 복합체는 어느 순간 체계를 이루며 일종의 자율적 형태를 갖추게 되고, 자신의 여러 구성 요소에 통제력을 행사하게 된다. 따라서 우리는 기존의 힘이 더 이상 효력을 발휘하지 못한다는 사실을 문득 깨닫게 된다. 이제껏 인간이 지녀 온 힘이 갑자기 보잘것없어지는 것이다.

과학 연구의 성과를 온전히 제어할 수 있을까?

신문을 읽거나 대화를 하다 보면, 과학은 우리의 상상력을 자극하는 동시에 우리로 하여금 새로운 두려움이 가미된 질문을 하도록 만든다.

과학은 마치 폭풍을 머금은 먹구름처럼 우리에게 위험을 가져올 것인가? 과학은 결국 프랑켄슈타인이 될까? 이 질문은 특별히 현대에만 적용되는 것은 아니다.

힘센 경쟁자인 동물을 죽이려고 처음으로 칼을 사용한 원시인 역시 기술 발달에 따른 위험을 확실하게 제기했다. 기원전 3세기에 씌어진 중국의 도교 서적에는 "지식에 대한 열정이 세상에 무질서를 널리 퍼뜨렸다."라는 내용이 있다. 여전히 인간은 두려움에서 회복되지 않았고, 그것을 이겨 내지도 못했다. 예전과 비교해 정말로 달라진 점은, 의문을 기록하고 다양한 면에 의심을 품으면서 사람들의 견해가 둘로 나뉘어 대립한다는 것이다.

앞에서 말한 '변화'를 신체 문제부터 다시 살펴보자.

어떤 사람들은 신체적 변화를 두려워하거나 신체를 변화시키는 것을 무조건 악행으로 몰아붙인다. 그러면서 이제부터는 유전학자들이 이 땅의 모든 죄를 책임져야 한다고 강조한다

그들이야말로 신성한 본성을 남김 없이 제거하는 '포스트휴머니티' 사상으로 우리를 이끌기 때문이다.

반대로 과학 기술을 대변하는 듯한 사람들은 변화를 매우 열광적으로 받아들인다. 그들은 정보 산업과 인공 생명의 미래를 낙관하고, 신체에 구애받지 않는 자유로운 정신의 세계가 올 거라고 믿는다. 인간이 마침내 고통에서 해방되고, 불멸에 이르는 날이 온다는 것이다.

그렇지만 오늘날 가련하고 단순한 존재인 우리가 그들이 옳은지 그른지 어떻게 알겠는가? 그리고 우리가 무엇 때문에 극단적 비관론이나 기술 우선주의자의 낙관론을 존중해야 하는가?

타인 및 세계와의 관계를 근본적으로 바꾼 통신에 대해서도 마찬가지로 두 가지 극단적인 입장이 나타나고, 저마다 똑같은 망설임과 균형이 나타난다.

어떤 사람들은 통신이 민주주의를 쇄신하고, 문화 전파를 촉진하며, 사회에 대한 소속감과 민족 화합, 타인에 대한 이해력을 강화한다고 주장할 것이다. 그러나 또 어떤 사람들은 그 모든 것은 커다란 환상에 지나지 않는다고 말할 것이다. 1940년 말, 인터넷은 물론이거니와 텔레비전도 존재하지 않았을 때, 철학자 루트비히 비트겐슈타인˚은 「확실성에 대하여」라는 글에서 이렇게 썼다.

옛날 사람들은 왕이 비가 내리게 할 수도 있다고 믿었다. 우리는 이러한 믿음을 말도 안 되는 소리라고 생각한다. 그런데 이제 우리는 비행기와 무선 통신 등이 민족을 화합시키고, 문화를 전파한다고 믿는다.

그러나 전파를 통한 소통이 실제로는 또 다른 고독과 독백을 낳지 않을까? 소통 수단인 전파가 오히려 소통을 단절시키지는 않을까?

우리의 목소리, 말, 얼굴이 아주 빠르게 세계 전 지역으로 전달되는 동시에 전 세계 각지에서 온갖 뉴스가 우리에게 전달된다. 그러나 가깝거나 먼 거리 차이만 빼면 실제로 우리와 타인의 관계에 어떤 일이 일어날까? 값진 서비스와 놀랄 만큼 많은 양의 정보를 제공해 주는 인터넷도 사실은 냉정한 괴물, 도미니크 르쿠르*가 「진보의 미래」라는 글에서 표현한 대로 눈

● ● ●

루트비히 비트겐슈타인(1889~1951) 오스트리아에서 태어나 영국에서 활동한 철학자. 논리학과 언어학 등에서 독창적인 사상 체계를 전개하여 현대 철학에 큰 영향을 미쳤다.

전파를 통한 소통이 실제로는 또 다른 고독과 독백을 낳지 않을까?

보라가 치는 황량한 시베리아˚가 아닐까? 대중 매체는 또 어떤가? 이전에 비해 더 많은 정보를 제공하지만, 우리를 수동적으로 만들고, 일어나는 모든 일에 무감각해지게 만드는, 결국 무의미한 여러 가지 음으로 이루어진 관현악은 아닐까?

우리는 앞서 살펴본 의혹들과 언젠가 나노 과학이 처음 응용되면서 불거질 의혹들이 확고하고 결정적인 방법으로 해결되기를 바란다.˚ 그러나 성공할 거라고 장담하지는 못한다. 많은 사람들이 여전히 기술 예찬과 자연 예찬의 중간 지점에서 이러지도 저러지도 못하고 있기 때문이다. 따라서 우리는 서로 다른 갖가지 참고 자료들을 힐끔거리기만 할 뿐, 그 의문들을 전혀 규명하지 못한 채 주저하거나 변명하면서 눈치만 보고 있는 상태다.

● ● ● ●

도미니크 르쿠르(1944~) 프랑스의 철학자. 현재 파리 7대학에서 가르치고 있다. 과학사, 과학 철학, 윤리학 등을 연구해 왔으며, 1990년대부터 생명 과학 분야의 여러 쟁점들을 윤리학의 관점에서 연구하고 있다. 한국에서는 2005년에 그의 저서인 『인간 복제 논쟁』이 번역 출간되면서 널리 알려졌다.

시베리아(cyberia) 이중적으로 쓰였다. 눈보라 날리는 황량한 벌판인 현실 공간의 시베리아와, 사이버(cyber)와 토피아(topia)의 합성어인 사이버리아(사이버 세계라는 뜻)를 등치한 것이다.

나노 과학 논쟁 이에 대해서 자세히 알고 싶은 사람은 이 시리즈에 속한 『나노 기술, 축복인가 재앙인가?』를 참조하라.

이와 같은 의문들이 확실히 풀리지 않은 탓일까? 이제 '실재' 라는 관념까지도 모호해질 위기에 놓였다.

4

과학자의 **책임**은
어디까지일까?

현실은 나에게 천식을 일으킨다.

——에밀 시오랑

과학자는 자신이 하는 일을 이해하고 있을까?

과거에 과학자들은 **실재**가 탄탄하고, 정확하며, 근원적이고, 허구가 아니라고 확신했다. 그러나 오늘날에는 온갖 과학 분야에서 사용되고 있는 시뮬레이션, 모델화, 시나리오 등의 영향으로 실재의 특성 자체가 은유적으로 바뀌고 있다. 과거에 실

• • •

에밀 시오랑(1911~1995) 20세기 모럴리스트 작가. 1934년 발표한 첫 책 『절망의 끝에서』로 루마니아 왕립 아카데미 상을 받았다. 그 후 소외, 부조리, 권태, 무익함, 타락, 역사의 압제, 고뇌, 질병으로서의 이성 등 현대적인 테마를 다룬 많은 산문집을 남겼다. 대표적인 저서로 『독설의 팡세』, 『존재의 유혹』 등이 있다.
시뮬레이션 과학 문제나 사회 현상을 연구할 때 실제와 비슷한 모형을 만들어 재현하는 모의 실험. 일반적으로 장치를 만들고 자료를 입력해 결과를 도출하는 활동을 폭넓게 가리킨다.

재는 때로는 과학의 연구 대상이었고, 때로는 장애물이었으며, 때로는 판단 기준 또는 시금석이 되기도 했다. 오늘날에 실재는 전혀 고정되지 않은 일종의 가상성으로 둘러싸여 있다. 과학의 시뮬레이션은 존재하는 것만 다루는 게 아니라 가능성까지도 다루기 때문이다.

가능성 또는 인공적인 것까지 현실에 포함되면서 새로운 세계가 열렸다. 예전에는 거부할 수 없는 장애물이었던 실재에 구애를 받지 않고 무언가를 만들어 낼 수 있게 되었기 때문이다. 그러자 가상의 다양성에 힘입어 현실을 회피할 수 있는 새로운 세계가 열렸다. 이전보다 실험의 운명에 덜 얽매이게 되어 얻은 이러한 자유는 과학자에게 양심이라고 하는 새로운 책임을 지웠다. 과거의 과학자는 있는 그대로의 세계에서 자신의 이론을 응용하여 현실화하면 되었다. 그러나 오늘날의 과학자는 선악을 미리 판단할 수 없는 상황에서 가능성을 실현한다. 그들이 만드는 현실은 지나치게 과장되어 있을 뿐만 아니라 뚜렷한 모습을 드러내지도 않는다.

현재 뜨거운 논쟁이 되고 있는 소위 '치료 복제'는 연구를 계속해야 할지 아니면 중단해야 할지 결정하지 못하는 것도 실재 변형의 좋은 예다. 결국 우리는 진정으로 이루려고 하는 것이 무엇인지를 결정하기도 전에 할 수 있다는 가능성만으로도 그것을 두려워하는 것이다. 어떤 과학과 기술 분야에서는 이미 사실을 진보적으로 만들려는 희망보다 진보가 더 빨리 진행되고 있는 것이다.

진보에 대한 불신은, 올바름에서 벗어난 의도 때문에 나타나는 위험을 감수할 필요가 없다는 생각 때문에 더 커진다. 문제는 규범에서 일탈한 몇몇 과학자만의 잘못에서 시작되는 것이 아니다. 유전자 치료 또는 재생 의학 분야에서 진보의 수요자이자 공급자인 우리 모두가 준비한 잘못이다. 그러나 거듭되는 발전에 우리가 무한히 적응할 수 있을 거라고 어떻게 보장할까? 우리가 일으키는 실재의 변형이 생명의 본질 자체를 훼손하지 않을 거라고 어떻게 확신할까? 인류는 로켓을 발사하고, 우주 왕복선을 타고 떠나지만, 과연 제자리로 돌아올 수 있을까? 이러한 질문들은 우리로 하여금 새로운 지표를 찾도록 유도하지만, 우리가 어떤 것을 찾게 될지는 아무도 모른다.

우리는 갑자기 윤리학이 모든 분야의 진보에 맞서는 마지노선이 되기를 바라고 있다. 그런데 과연 윤리학을 기초로 새로운 휴머니즘이 탄생할 수 있을까?

과학자도 윤리학을 공부해야 할까?

윤리학이란 선(善)이라고 일컫는 행위를 실천하라고 인간에게 명령하는 철학이다. 그러나 오늘날 윤리학은 한계에 이르러 현대인에게 힘을 발휘하지 못한다. 우리는 윤리학으로부터 교훈과 격려를 받고 싶어하면서도 윤리학을 단순히 충고를 전달하거나 입에 발린 말만 하는 도덕 교사 또는 너무 현실적인 구식 철학이라고만 생각한다.

가만히 생각해 보면 다시 윤리학으로 돌아간다는 말도 뜻이 매우 모호하다. 윤리학은 때에 따라 종교적 설교, 종교와 무관한 도덕, 세기말적인 우울함이나 불안한 영혼을 돕는 조력자 등 여러 가지로 해석된다. 따라서 윤리학을 올바르게 정의하려면 이러한 측면들을 모두 고려해야 한다.

윤리학의 도움을 받는 것은 일종의 관습법을 따르는 것과 같다. 가뜩이나 가치 기준이 혼란스러운데 거기다 새로운 문제를 또 하나 던져 놓는 일과 마찬가지인 것이다.

그렇다면 오늘날 무엇 때문에 윤리학이라는 현학적인 단어가 우리를 압도하게 되었을까? 다음과 같은 몇 가지 이유를 들 수 있을 것이다.

첫째, 경제적, 사회적 불확실성이 우리에게 고통을 주기 때문에 상징적 지표가 되는 기준점이 필요하다.

둘째, 과학은 항상 좋은 결과만을 보장하지 않고 전쟁과 공포의 공범자가 되기도 한다.

셋째, 진보가 불가항력과 무지, 야만과 빈곤으로부터 인류를 해방시켰음에 틀림없지만, 발전이라고 하는 무미건조한 이름 그 이상의 것을 주지는 못한다.

마지막으로 우리는 비통하게도, 홀로코스트(유대인 대학살)와 같이 선한 의지가 집단을 이루어 악을 만들 수 있고 선에 대한 분명한 관념이 큰 재앙으로 이어질 수도 있다는 사실을 확인했다. 말하자면 갖가지 몽상에서 깨어났음에도 여전히 복잡한 의혹으로 가득한 채 허무에 현혹되었던 20세기가, 우리에게 윤리학이라는 고아를 '어쩌' 남겨준 셈이다.

따라서 심리적 동요가 어느새 현대성의 특징으로 자리 잡은 가운데, 우리는 윤리학에 대해 다시 생각해 보게 됐다. 문제는 철학이 도움이 되지 않는 상황에서만 사람들이 철학에 관심을 보인다는 사실이다. 이는 윤리학에 대해서도 마찬가지다. 윤리학에 관심을 갖는 오늘날의 사회적 분위기는 오히려 나쁜 징조다. 압제가 지배할 때 자유가 더 소중하게 느껴지듯, 사람들은 인간이 손해를 입는다고 느끼거나 생명이 위협받아 두려울 때일수록 윤리를 앞세운다.

정말 윤리를 실천할 줄 몰라서일까? 성을 내며 고함을 질러 봤자 사나운 밤바람 속에서는 잘 들리지 않는 것처럼, 잃어버린 환상을 이데올로기적 영역에서 주장할 때만 윤리를 내세울 것인가? 이러한 문제는 일부러 만들어 내거나 억지로 생겨나게 한 것이 아니다. 우리 마음속에서 저절로 발생한 것이다. 우리는 윤리라는 말에 어떤 가치를 두고 있으면서도 때에 따라 임시방편으로 써먹을 수 있는 말쯤으로 여기고 있기 때문이다.

이것은 아무 진실성 없이 깃발을 치켜들고 구호를 외치는 것과 같다. 잠시 과학의 세계를 떠나 대중 매체의 세계로 들어가 보자. 2001년 5월 11일자 《르 몽드》에 프랑스의 주요 민영 텔레비전 방송국 사장이 「텔레비전에서 모든 것을 보여 줄 수 있을까?」라는 제목의 기사를 썼다. 거기에서 그는 경쟁 방송사에서 방영하고 있던 리얼리티 쇼*인 「다락방 이야기」를 비판했다.

나중에 밝혀진 바에 따르면, 글을 쓸 당시 그는 자신이 비난

● ● ●

리얼리티 쇼 출연자의 사생활을 시청자에게 보여 주어 엿보는 듯한 기분을 느끼게 하는 텔레비전 프로그램. 연출하지 않은 실제 상황을 촬영해 사실감을 높이는 편집 기법을 많이 사용한다.

한 프로그램을 만든 영국 회사와 비슷한 종류의 프로그램을 이미 계약한 상태였다. 그러면서도 외국 회사가 주요 텔레비전 방송망을 잠식하는 데 대한 우려를 정치인들에게 환기시키려는 의무감과 함께 도덕적, 정치적 이유로 그러한 글을 썼던 것이다.

이러한 구태의연한 방법은 변치 않고 오래도록 반복된다. 윤리의 모순은 바로 여기에 있다. 윤리라는 그럴 듯한 명분을 내걸면 쌍방이 모두 비난받지 않으면서도 위선의 탈을 쓴 채 고결한 척하며 상대방을 자유롭게 우롱할 수 있다. 이제는 진보가 아니라 윤리가 마법의 힘을 가진 것처럼 보인다. 윤리를 내세워 경쟁사의 프로그램을 비판하면서도 사람을 바보로 만들기는 마찬가지인 프로그램을 방영하지 못해 안달이기 때문이다.

그렇다면 그리스어의 에토스(ethos)에서 기원한 윤리(ethics)라는 말에 반드시 들어가던 도덕심이 오늘날에는 점차 사라지고 있는 것일까? 그렇지 않다. 왜냐하면 다행히도 윤리의 또 다른 사용법, 즉 '윤리의 윤리적인 사용'이라고 부를 만한 사용법이 있기 때문이다. 윤리의 관점에서 과학의 위험을 논의할 때 이 방법을 써야 한다. 비록 더 어렵다고 해도 말이다.

과학과 기술적 발명에 대해 기술자와 과학자는 물론이고 사회 전체가 책임져야 한다. 지식을 추구하는 의지와, 생명체를 중시하고 사후 관리까지 동시에 실행하려는 욕구를 모두 만족시키기는 일은 힘들 수밖에 없다. 학자와 시민, 정치가, 즉 연구 활동과 민주적인 토론, 정치적 결정 사이에 새로운 관계를 만들려면 어떻게 해야 할까? 법적으로 잘못된 것이 없는 '지식의 권리'를 알려는 의지로 바꾸려면 무엇을 어떻게 해야 할까? 더 나아가 어떻게 해야 시민들로부터 토론하려는 의지를 이끌어 내고, 시민의 권한으로 과학 문화에 새 입장을 부여하게 할 수 있을까?

5

과학을 **통제**하는 것은 옳은 일일까?

한 사회의 운명뿐만 아니라 정신적 취향까지도
완전히 변화시키는 혁명이 있다.

——프랑수아 드 라로슈푸코

미래에 대한 두려움을 극복할 수 있을까?

오늘날 사람들에게 가장 절실하게 필요한 것은 바로 **확실성**
이다. 옛날 사람들이 가졌던 진보에 대한 신념은 사라지고 이
제 미래에 대한 의심과 회의가 그 자리를 차지했다. 과학이 그
자체로 가치가 있다는 생각은 옛이야기가 되었다. 현대인들은
열매를 가지고 나무를 판단하고 싶어 한다. 그래서 부정적인
징후라면 아주 사소한 것이라 할지라도 깜짝깜짝 놀라며, 심지

• • • •

프랑수아 드 라로슈푸코(1613~1680) 프랑스의 고전 작가. 간결하고 날카로운
문체로 인간 심리의 근원을 꿰뚫어 보는 잠언집을 남겨 후세에 커다란 영향을 끼
쳤다. 대표작으로 『잠언과 성찰』이 있다.

어 공포에 떨기까지 한다.

이러한 회의주의는 혹시 지나친 것은 아닐까? 사람들이 너무 쉽게 종말론을 믿는 탓은 아닐까? 그렇다면 무턱대고 최악의 상황부터 걱정하는 불합리하기까지 한 이러한 태도를 고쳐야 하지 않을까? 아니다. 그렇지 않다. 우리가 현재 느끼고 있는 두려움이 모두 다 병적인 것은 아니기 때문이다.

다 알고 있듯이, **두려움**이란 누군가가 느끼고 싶다고 해서 마음대로 느낄 수 있는 감정이 아니다. 두려움이란 어떤 상황이 강요하는, 즉 어떤 상황에서 어쩔 수 없이 느끼게 되는 감정이므로 모든 두려움에는 다 이유가 있다. 따라서 어떤 사람들이 주장하듯이, 현재 사람들이 느끼는 두려움을 무지의 산물로 치부하면서 그냥 무시해서는 안 된다. 모든 두려움이 다 지식으로 해결되지도 않으며, 심지어 어떤 위험들은 과학적 지식 덕분에 발견되기도 한다. 인간 활동의 결과로서 생긴 기후 변화가 그 예이다.

그러므로 인류가 계속해서 성장해 나가기 위해서는 두려움을 없애려고 할 것이 아니라 두려움을 감수할 필요가 있다. 오직 두려움만이 인류가 허무와 맞닥뜨릴 때 필연적으로 생기는 한없이 깊은 불안으로부터 우리를 구해 줄 수 있기 때문이다.

두려움이 가진, 다른 무엇과도 바꿀 수 없는 장점은 두려움에는 항상 분명한 이유가 있다는 점이다. 반대로 불안은 언제나 걷잡을 수 없고, 때로는 명확한 이유가 없을 때도 있다. 우리는 두려움을, 마음의 평형 상태를 최대한 유지하기 위해 불안을 쫓아내는 방어 기제로 받아들여야 한다. 물론 남용하지 않는다는 조건에서 말이다. 만약 두려움이 지나치게 만연한 세상에 앞에서 우리가 이야기했던 위협들이 실제로 덮쳐 온다면, 우리는 그 위협에 맞서려고 하기보다 극도로 위축되어 아주 쉽게 거기에 굴복해 버릴 수도 있기 때문이다.

과학자들만이 과학을 이야기해야 할까?

오늘날 전 세계 곳곳에서 나타나고 있는 근심들이 모두 다 비정상이라고 주장하는 것 역시 위험하다. 의심과 두려움은 하나로 묶인 채 동시에 커지는 것이므로, 그 둘을 같은 선상에 놓고 논의해야 할 필요가 있다. 비록 쉬운 일은 아니겠지만 말이다. 그러기 위해서는 다음과 같은 질문을 던져야 한다.

인류가 과학에서 기대하는 것은 무엇인가? 과학에서 바람직하지 않은 것은 무엇인가? 도대체 과학의 어떤 부분이 '공동선'으로 바뀔 수 있을까? 경제적 이해 관계가 끊임없이 충돌하는 과학이라는 분야에서 과학자의 관심사, 일반인들의 요구, 그리고 정치적 결단 사이의 경계는 도대체 어디인가?

위에서 제기된 질문들은 모두 **과학 정치**의 문제에 속한다.

오늘날 사람들은 과학 분야에서 더욱더 민주주의가 확산되어야 한다고 기대하고 있다. 과학 분야에는 기초 연구나 기술 혁신에서 시작하여 과학 기술의 산업적 응용 및 과학 기술의 발전에 따른 경제적, 사회적 결과까지 온갖 문제들이 뒤얽혀 있는 까닭에 모든 사람들에게 책임이 나누어지고 있기 때문이다.

그런데 윤리적, 정치적 문제는 각각 자율성을 갖고 있다. 이 말은 과학을 둘러싼 윤리적, 정치적 문제들의 참뜻을 명확히 하려면 과학적 지식이 반드시 필요하지만, 과학 내부의 가치 판단만으로 그러한 문제들에 대하여 딱 잘라 옳고 그름을 말할 수 없다는 뜻이다. 이유는 아주 간단하다. 과학적 지식은 우리가 앞으로 어떤 세상에서 살고 싶어 하는지를 알려주지 않기 때문이다.

과학은 종종 '세상에서 가장 아름다운 소녀'에 비유되곤 한다. 이 말은 과학이 본래 품고 있는 것 이상의 능력을 과학에서 기대할 수 없다는 뜻이다. 그렇다고 해서 과학과 사견(私見)이라는 오래된 구분이 희미해질 거라는 뜻은 아니다. 과학자 입장에서 보면 과학이 사견과 다른 것은 엄격한 이론과 실험에 근거하고 있기 때문이다. 원하든 원하지 않든 간에 과학은 무언가를 말하기 전에 엄밀한 이론과 실험을 거쳐야 한다.

그러나 과학적 지식이 증가할수록 과학의 한계를 넘어서는 문제들이 계속해서 나타난다. 과학만으로는 해결할 수 없기 때문에 다른 방식으로 논증해야 할 새로운 과학 문제가 생겨나는 것이다. 그러므로 과학이 제기하는 문제들을 해결하려면 과학적 지식을 공유하는 열린 공간과 열띤 토론이 필요하다.

미래를 두려워하지 말고 오히려 바라고 있는 것을 미래에 제시하자. 미래가 우연히 다가오도록 버려 두지 말고 만족스러운 미래의 모습을 그려 보자. 그러려면 먼저 깊이 생각하고 나서 행동해야 하며, 틀림없이 무엇인가를 냉정하게 포기하도록 우리에게 요구할 것이다. 어쨌든 우리가 미래에 대해 아무것도 바라지 않는다면 결코 우리가 바라는 미래는 나타나지 않을 것이다.

문제는 오늘날 과학과 민주주의가 풀기 까다로운 조합으로 맺어져 있다는 것이다. 둘의 관계는 직접적이지도 않고 체계적이지도 않으며, 중층적이고 복잡하다.

첫째, 역사상 과학은 전혀 민주적이지 않은 정치 체제에서도 계속해서 발전할 수 있었을 뿐 아니라 오히려 그러한 체제로부터 매우 강력한 지지를 받았다. 구소련을 떠올려 보면 쉽게 이 말뜻을 알 수 있을 것이다.

둘째, 과학과 민주주의는 오직 둘이 서로 충돌하는 경우에만 비로소 공통 분모가 있다는 사실이 드러나기 때문에 둘을 자연스럽게 조화시키는 것은 쉬운 일이 아니다. 먼저 둘 사이의 충돌이 실제로 일어나야 하며, 이어서 둘 사이의 의견 교환이 이루어지도록 준비가 되어 있어야 한다. 충돌이 일어나는 순간 누구나 그에 관련되어 있는 과학적, 기술적 문제에 대하여 분명한 판단을 내릴 수 있도록 만들어야 하는 것이다.

여기까지 간다면, 다음과 같은 질문들이 뒤따라 오게 되는 것은 당연한 일일 것이다.

과학을 모르는 사람이 과학을 알고 싶어 하도록 어떻게 고무할 것인가? 그들이 과학자들에게 관심을 갖고 '당신이 하는 일은 정확히 무슨 일입니까?', '당신이 알고 있는 것은 정확히 무엇입니까?', '당신의 연구는 어떤 점에서 우리에게 이로운가요?' 등등의 질문을 할 수 있도록 만들 방법은 무엇인가? 반대로 어떻게 하면 과학자들이 자기 생각만 고집하지 않고 다른 사람들의 생각에도 귀를 기울이게 할 것인가? 불확실성과 위험을 모든 사람이 나누어지는 절차를 만들어 내려면 어떤 토의 과정을 거쳐야 하며 무엇을 결정해야 하는가?

이와 같은 문제를 모두 해결한다 해도 전문가와 시민들 사이에 토론회를 열어서 과학과 관련되어 있는 온갖 동기, 희망, 두려움을 드러내도록 하는 일 같은, 가장 어려운 과제가 남아 있다. 과학자들 중 몇몇은, 어쩌면 대다수는 대중들이 지적으로 나태하며, 상술이나 여론 조작에 쉽게 속아 넘어 간다고 비난한다. 반면 대중들은 과학자가 혹시 인류 파멸을 몰아넣을 도박을 저지를지도 모른다고 의심하고, 과학자들이 폐쇄주의 또는 엘리트주의에 빠져 있다고 고발한다. 그들은 또한 과학자들이 연구 활동을 하면서 자율권의 범위를 벗어나거나 그 사실을 후회하면서도 그에 대해 솔직하게 다 말하지 않는다고 비난한다.

그러나 과학이 일반적으로 '시민권'이라고 부르는 것에 모순되는 활동인지 아닌지를 선언하기 전에, 먼저 과학적 지식을 퍼뜨리기 위해 전력을 다했는지부터 확인해야 한다. 과학자들은 자기 분야에서 충분히 노력했는가? 대중 매체들은 어떠한가? 그중에서 특히 폭넓은 대중들에게 영향을 미칠 수 있는 텔레비전은 어떤가? 시민들은 텔레비전, 특히 공영 방송사에 대해 더 다양한 관점과 설명을 기대할 권리가 없을까? 여기서 잠깐 방송 책임자를 좀 변호해 주자면, 오늘날 우리는 지식 대중화와 관련된 전통적 방식이 이제 한계에 다다랐으며 그에 따라 방송이 할 일은 극도로 복잡해졌음을 인정해야 한다. 곤경에 빠졌다고 말해도 좋을 것이다.

이제 과학자, 출판인, 교직자, 학생, 생산자, 소비자 할 것 없이 모든 사람에게 다음과 같은 도전적인 문제가 던져지고 있다. 과학을 소개할 새로운 방법을 고안해 내는 것이 가능할까? 과학을 정리하고 확실성을 늘리며 구조를 다시 짜고, 질문을 다시 던지는 일을 해낼 수 있을가? 한마디로 말해 '과학의 중추를 다시 자극할 방법'을 찾아낼 수 있을까?

과학과 민주주의가 결합할 수 있을까?

어쩌면 우리는 민주주의에 대해 지나치게 교과서적인 견해를 가지고 있는지도 모른다. 대중 한 사람 한 사람을 과학에 일가견이 있는 사람으로 만들면 가장 좋겠지만, 그렇게 하기는 불가능하지 않은가? 그렇다면 현실에 맞춰 민주주의의 기준을 낮춰야 할까? 물론 아니다. 그렇다면 정반대로 이제부터 훨씬 더 대담하게 민주주의를 실천해야 하는 것일까?

물리학자인 장마크 레비르블롱˚은 『시금석』에서 이렇게 말했다.

오늘날의 대중은 과학적 지식보다는
점성술에 관련된 지식을 더 많이 알고 그에 의존하려 한다.

민주주의는 원인을 밝히기 전에 무언가를 집단으로 행하고, 그 결정에 따르는 위험 부담은 함께 지는 것이 가장 덜 나쁜 해결책(처칠 식 격언에 따라)이라고 주장하는 도박과 같다. 그런데 이렇게 되려면 민주주의 기획의 원칙에 따라 의식이 권한에 선행해야 한다. (중략)

그런데 한 사회의 과학 기술 문화에 대한 시민들의 의식 수준은 민주주의적 기획에서부터 과학 기술에 이르기까지 각 분야의 발전 속도보다 뒤처져 있다.

만약 시민들의 의식 수준이 훨씬 더 높아진다면, 그들은 더 많은 권한을 얻게 될 것이다.

물론 이러한 관점은 논쟁의 여지가 있다. 과학에 대해 논의하는 것은 현실적으로 볼때 우리가 함께 만들 미래에 대한 논의에 속한다. 이 토론에 참여하기 위해서는 정말로 과학 지식부터 쌓아야 할까?

이제 토론을 서둘러야 할 때이다. 이미 우리에게 두 가지 징

● ● ●

장마크 레비르블롱(1940~) 프랑스의 과학 철학자. 현재 니스 대학교에서 가르치고 있다. 과학사 및 과학 철학 교육에 주력하며, 과학 연구와 문화적 성찰의 조화를 강조한다.

후가 나타나 있기 때문이다.

첫째, 오늘날 일반 대중은 소립자의 종류보다 타로 카드나 점성술에 대해 더 잘 알고 있다.

둘째, 학생들이 직업을 선택할 때 과학에 관련된 일을 점점 더 꺼리고 있다. 과학은 다른 것과 절대 바꿀 수 없는, 반드시 필요한 학습의 장이자 문화 전반에 침투해 있는 유치한 정신에 대한 마지막 방패다. 그런데도 과학은 날마다 조금씩 매력을 잃어 가고 있다. 오늘날 사회와 과학의 관계는, 싸우는 횟수는 늘어나지만 관계는 예전 같지 않은, 오래된 부부 사이처럼 무너지고 있다.

이런 상황에서 정작 우리에게 필요한 것은 '과학이 발달하면 더 행복해질까?'라는 물음에 답하는 책이 아니라 '우리가 과학을 위협하는 것은 아닐까?'라는 질문에 대해 답하는 책이 아닐까? 그것도 빠른 시일 안에 말이다.

더 읽어 볼 책들

- 도정일 · 최재천, 『대담』(휴머니스트, 2005).
- 유네스코한국위원회 편, 『과학 연구 윤리』(당대, 2001).
- 도미니크 르쿠르, 권순만 옮김, 『인간 복제 논쟁』(지식의풍경, 2005).
- 리처드 모리스, 김현근 옮김, 『시간의 화살』(소학사, 2005).
- 수전 그린필드, 전재호 옮김, 『미래』(지호, 2005).
- 토머스 새뮤얼 쿤, 김명자 옮김, 『과학 혁명의 구조』(까치글방, 2002).
- 하시모토 히로시, 오근영 옮김, 『하룻밤에 읽는 과학사』(중앙M&B, 2005).
- 해리 콜린스 · 트레버 핀치, 이충형 옮김, 『골렘』(새물결, 2005).

논술 · 구술 기출 문제

논술 · 구술 시험은 논리적이고 종합적인 사고를 요구한다. 다음에 제시된 문제는 이 책의 주제와 연관이 있는 논술 · 구술 기출 문제이다. 이 책을 통하여 습득한 과학적 지식과 원리, 입체적이고 논리적인 접근 방식을 활용하여 스스로 문제에 답해 보자.

▶ 과학 기술의 발달은 우리 사회를 유토피아로 이끄는가, 디스토피아로 이끄는가?

▶ 과학이 발달하고 문화가 발전했는데도 많은 사람이 점과 사주집을 자주 찾고 있다. 이러한 점(사주)과 과학의 상관 관계에 대하여 답변하라.

▶ 윤리와 과학의 학문적 성격과 그 차이점을 말하시오. **(성균관대 2002)**

옮긴이 | 지선경

상명여대 대학원 불어불문학과를 졸업하고 프랑스 앙제 가톨릭 대학에서 유학했다. 현재 전문 번역가로 활동 중이다.

민음 바칼로레아 24

과학이 발전하면 더 행복해질까?

2판 1쇄 펴냄 2021년 3월 30일
2판 5쇄 펴냄 2024년 8월 8일

1판 1쇄 펴냄 2006년 4월 19일
1판 4쇄 펴냄 2014년 7월 24일

지은이 | 에티엔 클렝
감수자 | 김기윤
옮긴이 | 지선경
발행인 | 박근섭
펴낸곳 | ㈜민음인

출판등록 | 2009. 10. 8 (제2009-000273호)
주소 | 06027 서울 강남구 도산대로 1길 62 강남출판문화센터 5층
전화 | 영업부 515-2000 편집부 3446-8774 팩시밀리 515-2007
홈페이지 | minumin.minumsa.com

도서 파본 등의 이유로 반송이 필요할 경우에는 구매처에서 교환하시고
출판사 교환이 필요할 경우에는 아래 주소로 반송 사유를 적어 도서와 함께 보내주세요.
06027 서울 강남구 도산대로 1길 62 강남출판문화센터 6층 민음인 마케팅부

한국어판 © ㈜민음인, 2006. Printed in Seoul, Korea
ISBN 979 11-5888-786-5 04000
ISBN 979 11-5888-823-7 04000(set)

㈜민음인은 민음사 출판 그룹의 자회사입니다.